8
LN27
42145

†

L'ABBÉ
J.-F. MAUCO

CHANOINE HONORAIRE DE LA MÉTROPOLE D'AUCH

ARCHIPRÊTRE HONORAIRE DE LECTOURE

AUCH
IMPRIMERIE LÉONCE COCHARAUX
RUE DE LORRAINE

1893

L'ABBÉ J.-F. MAUCO

CHANOINE HONORAIRE DE LA MÉTROPOLE D'AUCH

ARCHIPRÊTRE HONORAIRE DE LECTOURE

†

L'ABBÉ
J.-F. MAUCO

CHANOINE HONORAIRE DE LA MÉTROPOLE D'AUCH

ARCHIPRÊTRE HONORAIRE DE LECTOURE

AUCH
IMPRIMERIE LÉONCE COCHARAUX
RUE DE LORRAINE
—
1893

L'ABBÉ J.-F. MAUCO

CHANOINE HONORAIRE DE LA MÉTROPOLE D'AUCH

ARCHIPRÊTRE HONORAIRE DE LECTOURE

Le 12 septembre au matin, une nouvelle se répandait dans la ville de Lectoure : le vénéré M. Mauco, frappé subitement par une congestion, se meurt ! Comme d'habitude il était venu le dimanche précédent à l'église et y avait fait la sainte communion. Malgré son grand âge, la paroisse espérait conserver longtemps son ancien pasteur. Le dénouement, grâce sans doute aux prières qui furent faites, n'arriva pas rapide comme on pouvait le redouter.

Dieu aussi voulait laisser ce prêtre au milieu de ses paroissiens pour qu'il pût encore leur donner l'exemple de sa sainte agonie. Car, après les leçons de la vie, il est salutaire pour une population d'apprendre encore de son pasteur comment il faut mourir.

Après un jour de prostration, M. Mauco avait retrouvé la lucidité de son intelligence et la vigueur de sa volonté. Il se rendit compte, le lendemain, de son état, et dans la plénitude de ses facultés il demanda à recevoir le saint viatique. Le sacrement de l'extrême-onction lui avait été administré le jour où l'attaque foudroyante avait semblé devoir l'enlever en quelques heures.

Ceux qui eurent le bonheur de s'approcher de M. Mauco au moment de sa dernière communion n'oublieront pas les émotions de cette cérémonie. Beaucoup de fidèles étaient venus et faisaient escorte au Dieu consolateur; tous les prêtres de la ville entouraient M. l'archiprêtre portant le Saint-Sacrement. Quand le cher malade vit le ciboire posé sur le petit autel qui décorait sa chambre, il joignit ses mains avec cette lenteur et cette foi qu'on lui connaissait; un sourire passa sur ses lèvres décolorées, et ses yeux se relevant lentement vers le ciel donnèrent à son visage une indicible expression de résignation, de sainte joie et de radieuse espérance.

Il était beau de voir ce prêtre, au soir de sa longue vie, recevant son Dieu pour la dernière fois. Il voulut réciter, malgré sa faiblesse, les prières que la liturgie met sur les lèvres du prêtre qui va mourir.

Après avoir écouté avec une pieuse attention les pensées de consolation et de foi suggérées par M. le curé de Saint-Gervais, il fit la sainte communion. Puis il promena son regard affectueux et reconnaissant sur les prêtres qui étaient venus prier pour lui, faire cortège à Dieu et apprendre, près de ce lit où reposait leur père, avec quelle sérénité on attend la mort après une vie de devoir. Il semblait leur dire adieu et leur donner rendez-vous au ciel.

Les jours suivants des fidèles nombreux vinrent revoir le bon curé; il était heureux de ces pieuses indiscrétions. Ses paroles toujours plus lentes exprimaient mal sa pensée. Il les disait d'ailleurs sans tristesse et, avec un sourire résigné et confiant, il montrait sa croix et le chapelet, compagnons de ses derniers jours, que la mort devait trouver entre ses doigts glacés.

Il priait en lui-même, et jusqu'à la fin nous osons penser que ces moments ont été utiles à la gloire de Dieu, à sa sanctification personnelle et aux âmes de ses chers Lectourois, car, jusqu'à la fin, sa volonté et son intelligence, par une grâce spéciale de Dieu, sont demeurées intactes et rien ne paraissait le distraire de sa prière intérieure.

M. le curé de Saint-Gervais, voyant la faiblesse toujours croissante du cher malade, ne crut pas pouvoir le quitter au moment où s'ouvraient les exercices de la première retraite pastorale. Le jeudi 28 septembre 1893, à midi, l'âme de M. Mauco quittait sa demeure terrestre sans efforts, sans secousse, comme s'en vont les âmes des patriarches et des saints, et retournait à Dieu.

Toute la ville de Lectoure apprit avec tristesse la nouvelle, hélas! trop prévue; et pendant les journées du 28 et du 29 un pieux pèlerinage de visiteurs se rendit près des restes mortels de M. Mauco. C'était la reconnaissance, l'affection et les saints regrets qui conduisaient près de cet ami les foules attristées; il avait vécu au sein de cette population toute sa vie sacerdotale, il était depuis quarante-sept ans le pasteur de la paroisse Saint-Gervais.

Le jour de ses funérailles il semblait vraiment que chaque famille eût perdu son chef. La cérémonie a été présidée par M. l'abbé J. Desbons, vicaire général de Mgr l'Archevêque; autour de lui plus de quarante prêtres en habit de chœur. Ils étaient venus malgré la coïncidence de la retraite ecclésiastique et de la veille du Rosaire. Des impossibilités matérielles résultant de ces circonstances, en ont arrêté, nous le savons, un très grand nombre.

Le cortège se déroula lentement, sous un ciel gris de septembre, au milieu de la pluie persistante, dans les rues Saint-Gervais, Locrau, Montebello, et dans la rue Nationale.

Autour du corps et portant les coins de divers poêles se tenaient — M. le maire, M. le sous-préfet et M. le président du Tribunal étant absents : — MM. le docteur Dieuzaide, conseiller d'arrondissement, Paul Druilhet, 1er adjoint, Dansos, juge au Tribunal de Lectoure, Ducos, président du conseil de la fabrique de Saint-Gervais, Bal, membre de la commission de l'hospice et du bureau de bienfaisance, Dutate, principal du collège, de Boubée, Malaure, conseillers de fabrique, Marquet, archiprêtre de la cathédrale d'Auch, Lian, archiprêtre à Mirande, Bénac, supérieur des Missionnaires, Mortera, chanoine honoraire, Ducam, curé-doyen de Fleurance, Bernès, curé-doyen de Saint-Clar, Degers, curé-doyen de Miradoux, Sainte-Marie, receveur des finances, de Luzarey, Duprat, curé de Saint-Esprit, Barailhé, représentant les prêtres nombreux qui étaient les fils aimés de M. Mauco, etc., etc.

Le deuil était conduit par le neveu de M. Mauco, représentant la famille du défunt, M. le curé de Saint-Gervais et MM. Dardenne et Gratian, derniers vicaires de M. l'archiprêtre.

La belle église de Saint-Gervais, splendide dans sa tristesse et son deuil, était remplie comme aux grands jours.

Une portière aux draperies majestueuses décorait l'entrée, les tentures noires festonnaient dans la nef, un catafalque aux lignes sévères et rayonnant de lumières s'élevait dans le chœur, tandis que des tentures noires, aux galons blancs, marquées au chiffre de M. Mauco, tombaient le long des piliers du sanctuaire et mêlaient leurs teintes sombres à l'éclat des cierges et des lustres, symbole des tristesses de la mort et des joies consolantes de la foi : *Dies natalis*.

Les cérémonies de la messe des morts, chantée par M. le vicaire général, se sont déroulées au milieu du silence de cette foule et des prières de ces âmes.

M. Marquet, archiprêtre de la Primatiale d'Auch et ami privilégié de M. Mauco, est monté en chaire avant l'absoute et a fait revivre la figure noble et sympathique du cher défunt. Voici son discours, qui est la meilleure des biographies :

Tu autem, ô homo Dei! (I ad Tim., VI, 11.)
« Pour vous, ô homme de Dieu ! » (I à Tim., VI, 11.)

Mes Très Chers Frères,

Homme de Dieu ! n'est-ce pas, entre tous, le trait distinctif de celui que nous pleurons ? Combien de fois, et depuis bien longtemps, n'avons-nous pas entendu et répété nous-mêmes ces paroles, qui constituent le plus bel éloge : « Notre pauvre vieux curé a toujours été un saint ; il ne nous a jamais donné que le bon exemple ; personne n'a jamais pu dire mal de lui ! » Et dans la contrée entière, il avait le même renom : aux yeux de tous, le curé de Saint-Gervais apparaissait comme le type du prêtre et jouissait de la vénération universelle.

Nous étions fiers, M. T. C. F., nous nous parions de sa vertu incontestée comme d'une gloire pour notre ville.

Et nous avions raison. Dans ce bon vieillard, qu'avaient connu, vénéré, aimé nos pères et en qui paraissait s'incarner notre religion sainte, nous possédions un trésor hors de prix. Pendant plus de soixante ans, un saint a vécu parmi nous, confondant sa vie avec la nôtre, n'ayant d'autre souci que celui de nos intérêts divers et se donnant sans cesse et sans compter pour le bien de nos âmes. Certes, oui ! il a apparu parmi nous, comme l'homme de Dieu : *Tu autem, ô homo Dei !*

Cette cérémonie funèbre, cette tenture de deuil qui couvre notre église, cette population émue qui se presse dans cette enceinte, cette douleur contenue mais que je sens si profonde, ces regrets unanimes de tout un peuple, ces prêtres accourus de tous les points du diocèse et, parmi eux, le représentant de Mgr l'Archevêque et les hauts dignitaires du clergé, sont un magnifique témoignage d'amour et de respect rendu à la mémoire du vénéré défunt. Néanmoins, il n'est personne ici qui ne juge avec moi que tout cela n'est pas trop pour son mérite.

Aussi je déplore et je confesse mon impuissance à parler dignement de celui que nous pleurons. Où la matière surabonde, l'expression fait défaut.

Je ne puis donc invoquer d'autre excuse que celle de remplir un devoir de piété filiale et un acte d'obéissance, en essayant de vous retracer, à grands traits, la sainte vie de notre bien-aimé père, Monsieur l'abbé Jean-François MAUCO, chanoine de la primatiale d'Auch et archiprêtre honoraire de l'antique cathédrale Saint-Gervais de Lectoure.

Ne semble-t-il pas, M. T. C. F., à vous comme à moi, que M. Mauco, qui, depuis notre enfance, personnifiait à nos yeux toute sagesse et toute vertu, n'a jamais dû connaître les défauts qui sont le lot commun de notre pauvre humanité?

Nous ne nous trompons pas tout-à-fait. Les détails que j'ai pu recueillir sur son jeune âge nous laissent voir de très bonne heure en lui un enfant pieux, un peu timide, obéissant, modeste, plein de respect pour ses parents et attentif à suivre leurs moindres désirs.

Il naquit presque au bruit des batailles, au milieu des chants de triomphe que provoquaient les victoires succédant aux victoires, en l'année d'Essling, — date tristement inoubliable pour Lectoure (1), — de Wagram, en 1809 : l'Empire atteignait à l'apogée de sa gloire.

François, dont l'intelligence vive s'ouvrit de très bonne heure aux impressions des événements contemporains, gardait encore dans ses vieux jours les souvenirs les plus lointains de son enfance : on ressentait en l'écoutant l'émotion qu'avait causée autour de lui la lecture du *Bulletin de la Grande-Armée!* Il n'avait pu oublier la stupeur, la désolation qui suivit la désastreuse campagne de Russie, les hécatombes de 1813 et les jours terribles de l'invasion. Les enthousiasmes délirants qui accueillirent la fin d'une guerre de vingt ans et les espérances conçues par la Restauration de la vieille royauté française ne lui avaient pas échappé.

Vieillard, il se plaisait à nous redire ses souvenirs d'enfance et aussi les conversations qu'il avait entendues au foyer paternel sur les événements qui précédèrent la Révolution ou qui s'accomplirent en ces jours néfastes.

Son père était l'un des bons bourgeois d'Aubiet. La considération dont il jouissait près de ses concitoyens l'avait désigné aux suffrages populaires : il avait été mêlé aux travaux qui préparèrent les Cahiers des États généraux.

Le jeune François trouvait aussi dans sa famille l'amour des traditions, le respect des pratiques chrétiennes associé au culte de la vraie et saine liberté. Il en résulta pour lui une disposition d'âme, qui, sans renier aucune des gloires anciennes, donnait place aux plus hardies espérances pour la France de l'avenir. C'est ce qui explique le sincère enthousiasme dont il ne se défendait pas, même dans ses vieux jours, malgré certains écarts dont celui-ci ne se préserva point, à l'égard d'un homme de grand talent, son

---

(1) Ce fut à Essling, le 22 mai 1809, que fut tué le maréchal Lannes.

compatriote, d'une réelle éloquence, foncièrement honnête, qui conquit grande réputation en un barreau de province et qui, parmi nous, fut longtemps l'ardent champion des idées nouvelles. Maître Alem-Rousseau était un caractère et M. l'abbé Mauco ne résistait point à l'attrait de l'homme qui ose s'affirmer dans l'originalité de sa nature, de ses défauts comme de ses vertus. C'est que lui-même était marqué au coin de la virilité qui n'a pas peur de s'accuser : il était quelqu'un.

Tout jeune il manifesta cette puissance de résistance qui ne cède pas aux considérations intéressées ou mesquines. Il voulait et il voulait fortement. Mais la sage direction d'un père, les soins intelligents et délicats d'une mère, la raison en se développant et, par-dessus tout, l'esprit de foi, qui de bonne heure exerça sur lui une action souveraine, changèrent un tempérament, naturellement obstiné, en l'amour inébranlable du devoir. Le respect de l'autorité légitime, l'obéissance amoureuse et absolue à ses ordres s'unirent en lui à l'horreur de toute servitude purement humaine. Jusque dans la moëlle des os, il se sentait chrétien, c'est-à-dire l'homme essentiellement libre et réfractaire à tout esclavage moral.

Vous devinez déjà avec quelle joie il accueillit les nobles idées que Lamennais et sa brillante école faisaient luire devant les âmes éprises de l'amour de la vérité et de la liberté. Il se passionna pour les écrits du maître. Cinquante ans après il en redisait de mémoire les passages les plus éloquents. Mais sa rare sagacité le préserva des erreurs dont ne surent pas se défendre d'autres belles intelligences.

L'influence de Lamennais n'eut pour M. Mauco que des conséquences heureuses : elle lui fit mieux étudier la sainte Église catholique et romaine, elle l'attacha corps et âme au service de toutes les grandes causes ; elle lui valut ce style, imagé, nerveux, à l'expression propre, qui plus tard enchantait les Salinis et les gourmets de la langue française.

Il en est ici qui n'ont pas oublié l'effet de certains de ses discours. J'étais bien jeune, pardonnez-moi ce petit souvenir personnel, mais j'ai toujours présente à la mémoire la vive émotion que produisit l'allocution prononcée par lui en 1848, lors de la bénédiction de l'arbre de la Liberté. M. Mauco croyait assister au baptême de la République : il entonnait d'avance l'hymne des triomphes assurés à la Patrie par l'alliance intime de la Foi et de la Liberté. Les démentis subséquents ne découragèrent pas sa grande âme : il n'accepta jamais comme définitif le divorce de ces deux choses faites pour vivre ensemble : la liberté et la religion. Cette confiance, il l'a enracinée dans le cœur de ses amis.

Ce que je viens de vous dire, en dehors de tout ordre chronologique, vous fait soupçonner ce que furent ses années d'étude, d'abord au Petit, puis au Grand Séminaire d'Auch.

Sa nature tenait de celle de l'Ange de l'école. La maturité n'attendait pas les années. Il traçait lentement son sillon, large, profond, tout droit devant lui, et il y jetait la meilleure semence. La récolte fut riche, mais il ne se pressait pas d'étaler ses trésors.

Ses sages directeurs, en particulier M. l'abbé Fenasse, ne se méprirent pas sur la valeur du sujet d'élite qu'ils possédaient.

Il était encore fort jeune quand il finit ses classes. Dès qu'il put recevoir l'Onction sacerdotale, on le destina à l'un des premiers vicariats du diocèse. On le nomma vicaire à Saint-Gervais de Lectoure.

Depuis lors il n'a plus quitté notre ville: c'était en 1832. Il naquit Lectourois en devenant prêtre, et cette seconde naissance le fit plus notre concitoyen que s'il avait reçu le jour parmi nous.

Il passa peu de temps à Saint-Gervais. On le trouvait assez mûr pour un poste de confiance et on le chargea de la direction spirituelle du magnifique hôpital que nous devons à la sainte munificence de l'un de nos derniers évêques, Mgr de Narbonne-Pelet. Là, comme à Saint-Gervais, le jeune prêtre montra la prudence d'un vieillard et le zèle d'un apôtre. Il me serait doux de m'étendre sur cette partie de sa vie sacerdotale ; j'aurais beaucoup à dire, mais le temps presse. Tout en se renfermant dans une modeste réserve, il se concilia l'estime générale par la régularité, la sainteté de sa vie : son mérite se trahissait. Ce fut pour lui le temps d'une laborieuse et féconde retraite. Aussi quand Mgr de La Croix d'Azolette appela au chapitre primatial le vénérable abbé Bonafont, curé de Saint-Gervais, le pieux prélat n'hésita pas à lui donner pour successeur Monsieur Mauco, qui atteignait à peine trente-sept ans. L'élu fut seul à s'étonner du choix.

Il fut installé le dimanche de l'Epiphanie 1846; mes contemporains peuvent comme moi se rappeler les larmes abondantes qu'il versa ce jour-là.

A travers les sanglots il nous promit d'être à nous.

Je vous le demande, M. T. C. F., n'a-t-il pas amplement tenu sa promesse ?

Depuis lors nous a-t-il perdus de vue même un instant ? Notre bon curé était si bien notre curé, qu'il se reprochait quelques heures passées hors de sa paroisse. Tant que sa pieuse mère vécut, il lui accordait deux ou trois jours, de très loin en très loin. Avec les jours de la retraite pastorale, ce furent à peu près les seuls qu'il déroba à Lectoure. Je rectifie : durant son vicariat il s'octroya une saison à Cauterets; et lui, qui avait un si vif sentiment de la nature, en emporta une forte impression des beautés sublimes que révèlent nos montagnes ; plus tard, il descendit en bateau la Garonne jusqu'à Bordeaux et se hasarda sur le chemin de fer pour accompagner jusqu'à Angoulême une pieuse colonie de Carmélites qui essaimaient de Lectoure. Enfin, déjà vieillard, le charme de l'Immaculée l'attira par deux fois à la Grotte de Lourdes. Il souriait quand nous lui parlions d'entreprendre quelque excursion; comme l'auteur de l'Imitation, il estimait qu'il trouvait résumé en un seul lieu, et pour lui ce lieu était Lectoure, tout ce que l'œil de l'homme peut contempler dans ce monde. « Est-ce que, nous disait-il finement, je n'ai pas la vue de l'Océan, quand du haut du Bastion je contemple l'immensité de la plaine, cachée sous le brouillard d'automne qu'irradie le soleil ? »

Au fond il ne savait pas vivre loin de nous; il aimait tout dans sa paroisse.

Si Michel-Ange Buonarotti appelait sa fiancée la gracieuse église de Santa-Maria Novella, M. Mauco chérissait comme une épouse notre vieille cathédrale de Saint-Gervais. Il méprisait l'argent, mais pour embellir Saint-Gervais il enviait des millions. Et vous savez les travaux qu'il y a accomplis : de la grande porte au chevet, du pavé à la voûte, la sacristie, les diverses chapelles, en particulier celle qu'il a ménagée à la gloire de saint Clair et de ses compagnons, nous racontent son zèle pour la beauté de la maison de Dieu; ce zèle était communicatif, les bourses s'ouvrirent, quelques-unes avec une sainte prodigalité : il y puisa largement, comme il fit dans celle du vieil ami qui lui permit de donner à notre cathédrale un maître-autel digne d'elle, et de compléter la restauration de ce chœur si grandiose. Notre église doit encore ses verrières à l'infatigable initiative de notre vieux curé. Je ne puis oublier, parmi les travaux qu'il accomplit, et l'église de Toué et la gracieuse chapelle du cimetière.

Nous lui devons surtout le retour parmi nous des restes vénérés de notre apôtre et premier évêque, saint Clair, et de ses compagnons. Les fêtes incomparables qui accompagnèrent la translation des saintes reliques marquent une date inoubliable dans notre histoire locale, et, puis-je ajouter, sans exagération, dans l'histoire de l'église de France en cette dernière moitié du siècle.

Il n'avait pas moins à cœur le soin de l'édifice spirituel. Dès son entrée en charge, il procura à la paroisse le bienfait d'une mission que prêchèrent les RR. PP. Goudelin, Donnadieu et Valny; puis vinrent à divers intervalles la mission du P. Victorin, celle du P. Mathieu Lecomte, enfin celle que couronnèrent ses noces d'or de prêtrise et que prêchèrent les RR. PP. Othon, Pierre, Baptiste et Jean de Sainte-Eulalie.

Nos missionnaires diocésains virent souvent leur dévouement mis à contribution : les vénérables abbés Barrafite et Descat, ses vieux amis, évangélisèrent plusieurs fois Lectoure. Il était heureux d'avoir pu faire entendre à ses paroissiens l'un des apôtres de la France, l'ardent et pieux abbé Combalot, qui accepta la neuvaine de prédication pour la fête de la translation des saintes reliques.

Je n'ai pas besoin de vous dire quel souci il avait de l'éducation chrétienne : vous savez au prix de quels sacrifices il a appelé et maintenu a

Lectoure les chers Frères du Bienheureux de Lassalle. Quelle affection il portait à nos communautés religieuses, aux Carmélites, aux deux Maisons de Sœurs de Nevers, à la Providence.

Je ne puis qu'indiquer quelques-unes de ses œuvres extraordinaires. A côté d'elles se déroulaient, non moins utiles mais plus modestes, les œuvres quotidiennes de la vie pastorale. Sa demeure était presque l'église, il ne la quittait guère que pour la visite des malades. Pour les consoler et les assister, soit de nuit, soit de jour, il n'hésitait pas à franchir de grandes distances. Sa prédilection était pour les braves gens de la campagne : pas de maison qu'il ne connût par le menu, aucune de leurs affaires ne lui demeurait étrangère, il partageait leurs soucis, leurs peines, leurs joies. Depuis l'aïeul jusqu'à l'enfant à la mamelle, il savait le nom de tous : les troupeaux mêmes ne lui étaient pas inconnus, et il pouvait désigner plus d'une tête par son nom.

Il ne cédait pas à ses vicaires la charge de catéchiste : il s'en réservait la plus grande part. Et là comme il se faisait petit avec les petits ! Quelle clarté il mettait dans ses explications ! Quel charme, quelle justesse dans ses aimables comparaisons ! Quelle vie dans les ravissantes histoires que nul ne contait comme lui !

Et quand il avait retrouvé un peu de liberté, ne le voyez-vous pas encore dans sa stalle, le bréviaire à la main ou plongé dans la méditation de longues heures, le matin et le soir ?

Le dimanche, en multipliant ses occupations, lui apportait une joie toujours nouvelle : il retrouvait alors tout son monde : c'était le père au milieu de sa famille; il était surtout heureux de passer en revue ses paroissiens de la campagne.

Inébranlable dans le maintien du droit et dans la défense de la justice, il se montrait d'une miséricorde inépuisable pour les pauvres pécheurs qui veulent revenir à Dieu. Tout en lui prêchait la charité. Jamais une parole blessante ne sortait de sa bouche; il paraissait ne pas s'apercevoir d'une injure. Toujours bienveillant, d'un accueil qui enhardissait les plus timides, il semblait ne pas se douter de l'existence du mal. Combien de fois n'avez-vous pas entendu dire : « Oh ! ce bon M. le curé, il veut mettre tout le monde au Ciel. »

Oui ! M. F., le bon curé nous aimait tant qu'il s'aveuglait sur nos défauts et qu'il s'obstinait à découvrir en nous les vertus qu'il y désirait.

N'est-ce pas vrai que je n'exagère rien et que pendant soixante ans les générations successives n'ont rencontré dans M. Mauco que pureté de vie, condescendance, miséricorde sans mesure. Et, lorsque les années s'ajoutant aux années, il nous disait qu'il ne sentait plus que les impuissances de l'âge, il continuait à nous édifier par son inaltérable patience et l'esprit de prière qui animait tous ses actes.

Quel vide ce bon vieillard va faire parmi nous, et, tout particulièrement, dans nos églises! A bout de forces, il s'y traînait encore. Enfin vint l'heure où la faiblesse l'enferma dans sa chambre. Avec quelle émotion son jeune et digne successeur, son confesseur, les vicaires, les prêtres de Lectoure, qui s'empressaient autour du vieillard agonisant nous racontent les derniers jours, les dernières heures de sa vie, qui achevèrent en lui le travail de perfection. Il a été doux envers la mort et il s'est endormi pour se réveiller au Ciel, comme s'endormaient les patriarches antiques et les justes aimés du Seigneur.

O père, ô pasteur de nos âmes, nous conserverons toujours votre souvenir, nous nous rappellerons vos leçons et vos exemples, et vous, qui nous avez tant aimés, vous nous obtiendrez par vos prières d'être fidèles au devoir que vous nous avez enseigné, afin qu'un jour vous puissiez de nouveau grouper autour de vous, dans la béatitude éternelle, tous les membres de votre nombreuse famille. *Amen!*

Après les prières de l'absoute, la foule s'écoula lentement vers le cimetière, précédant le char funèbre décoré de splendides couronnes, témoignage muet d'affectueux respect; et, sous la pluie continue, ce peuple silencieux dans sa douleur et ses larmes accompagna à sa demeure dernière celui qui pendant plus d'un demi-siècle, durant les bons et les mauvais jours, avait été près de tous « l'homme de Dieu. »

Il dort maintenant devant la chapelle du cimetière, le visage tourné vers la porte d'entrée.

Par là nous viendrons tous, ô Père de nos âmes; priez pour que notre vie ressemble à la vôtre, que notre mort soit sereine comme la vôtre et consolée par les radieuses certitudes de la foi.

Et quand la dépouille mortelle de vos enfants franchira la funèbre porte, bénissez-les encore et gardez leurs cendres pour la Résurrection et la Vie.   X.

AUCH. — IMPRIMERIE LÉONCE COCHARAUX, RUE DE LORRAINE. — 11-93

146

www.ingramcontent.com/pod-product-compliance
Lightning Source LLC
Chambersburg PA
CBHW060558050426
42451CB00011B/1974